Paso 1
Ingresa a **www.openlightbox.com**

Paso 2
Ingresa este código único

AVC54255

Paso 3
¡Explora tu eBook interactivo!

Tu eBook interactivo trae...

Todo sobre los insectos

Los abejorros

Iniciar

Comparte

AV2 es compatible para su uso en cualquier dispositivo.

Leer

Audio
Escucha todo el lobro leído en voz alta

Videos
Mira videoclips informativos

Enlaces web
Obtén más información para investigar

¡Prueba esto!
Realiza actividades y experimentos prácticos

Palabras clave
Estudia el vocabulario y realiza una actividad para combinar las palabras

Cuestionarios
Pon a prueba tus conocimientos

Presentación de imágenes
Mira las imágenes y los subtítulos

Comparte
Comparte títulos dentro de tu Sistema de Gestión de Aprendizaje (LMS) o Sistema de Circulación de Bibliotecas

Citas
Crea referencias bibliográficas siguiendo los estilos de APA, CMOS y MLA

Este título está incluido en nuestra suscripción digital de Lightbox

Suscripción en español de K–5 por 1 año
ISBN 978-1-5105-5935-6

Accede a cientos de títulos de AV2 con nuestra suscripción digital.
Regístrate para una prueba GRATUITA en **www.openlightbox.com/trial**

Se garantiza que los componentes digitales de este libro estarán activos por 5 años.

Los abejorros

Contenidos

2	Código del libro AV2
4	Este es el abejorro
6	Dónde viven
8	Los huevos
10	Las larvas de abejorro
12	Los capullos
14	El aguijón
16	Las alas
18	Qué comen
20	Su rol en la naturaleza
22	Datos sobre los abejorros

Este es el abejorro.

Los abejorros son insectos pequeños.

Se los reconoce por su cuerpo redondo con rayas negras y amarillas.

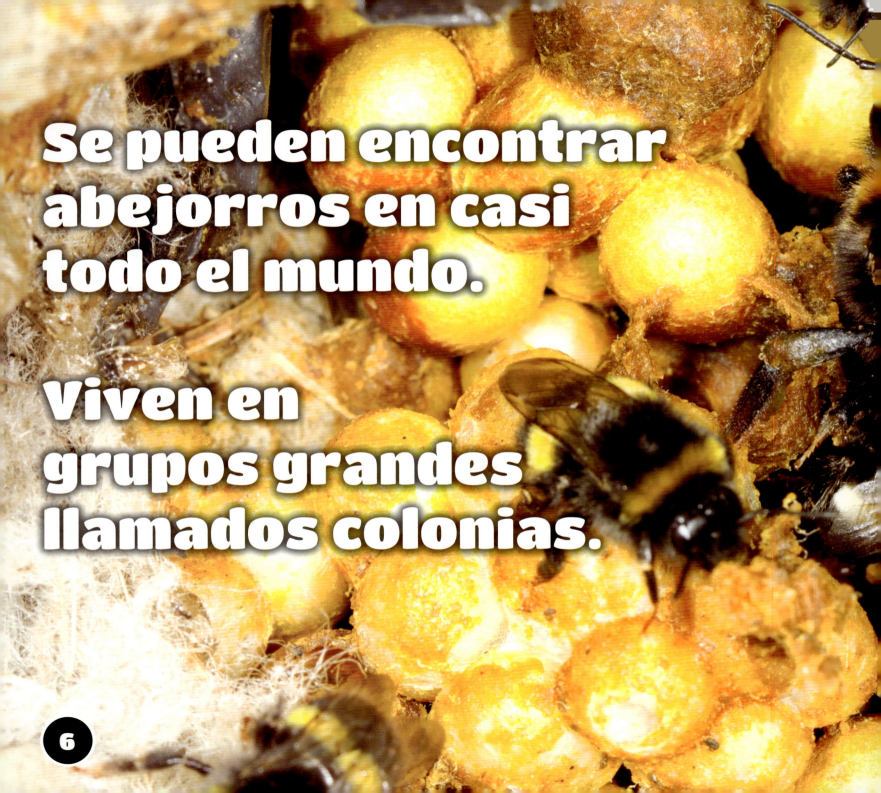

Se pueden encontrar abejorros en casi todo el mundo.

Viven en grupos grandes llamados colonias.

Los abejorros nacen de huevos.

Cuando salen de los huevos, son pequeños y blancos.

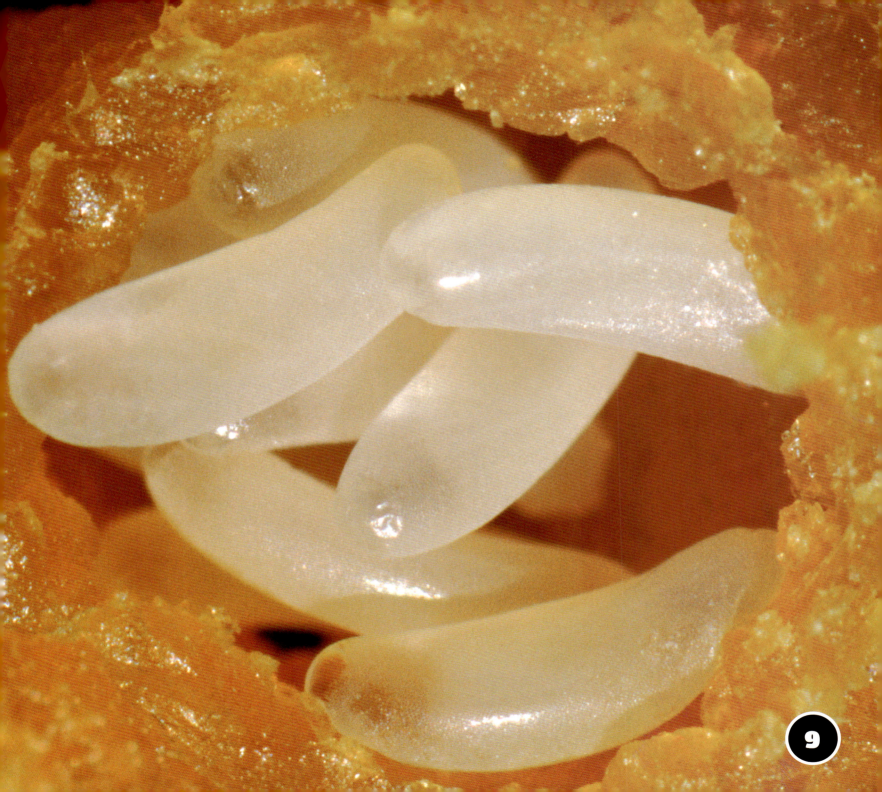

Los abejorros recién nacidos se llaman larvas.

No tienen ojos ni patas.

Las larvas de abejorro se envuelven en capullos.

Dentro del capullo, se convierten en adultos.

Los abejorros tienen aguijones.

Los abejorros tienen cuatro alas para poder volar.

Cuando agitan sus alas, hacen un zumbido.

Los abejorros comen el polen y el néctar de las flores.

Así obtienen todo lo que necesitan para estar sanos.

Los abejorros son importantes para la naturaleza.

Llevan el polen de una flor a otra y eso hace que crezcan plantas nuevas.

DATOS SOBRE LOS ABEJORROS

Estas páginas ofrecen información detallada sobre los interesantes datos de este libro. Están dirigidas a los adultos, como soporte, para que ayuden a los jóvenes lectores a redondear sus conocimientos sobre cada criatura presentada en la serie *Todo sobre los insectos*.

Páginas 4–5

Los abejorros son insectos pequeños. Los insectos son animales pequeños con cuerpos segmentados y seis patas articuladas. Su cuerpo está cubierto por una coraza externa dura llamada exoesqueleto, dividido en tres partes: la cabeza, el tórax y el abdomen. Existen unas 250 especies de abejorros. El abejorro tiene un cuerpo corto y redondeado que puede llegar a medir 1 pulgada (2,5 centímetros) de largo y pesar 0,03 onzas (0,85 gramos).

Páginas 6–7

Se pueden encontrar abejorros en casi todo el mundo. Se los puede encontrar en América del Norte, América del Sur, Europa y gran parte de Asia. Además de las regiones polares, los únicos lugares del mundo donde no hay abejorros es África y algunas zonas de la India. Los abejorros viven en grupos grandes llamados colonias. La reina forma una colonia nueva todos los años.

Páginas 8–9

Los abejorros nacen de huevos. La reina elige un lugar para hacer su panal y comienza a poner huevos. Las primeras abejas que nacen son las obreras. Las obreras son hembras que hacen todo el trabajo de la colonia. Protegen el panal, recolectan polen y néctar y cuidan a las crías. Los machos, llamados zánganos, y las nuevas reinas nacen al final del verano. La nueva reina se aparea con un zángano y luego hiberna antes del invierno. Cuando llega la primavera, la reina forma una nueva colonia.

Páginas 10–11

Los abejorros recién nacidos se llaman larvas. Cada larva se envuelve en una celda hecha de cera. Las larvas de abejorro son como gusanitos blancos sin ojos. Los abejorros mayores alimentan a las larvas con polen y néctar en su celda de cera. La larva come y crece durante dos semanas. Luego, pasa a la siguiente etapa de su ciclo de vida convirtiéndose en pupa.

22

Páginas 12–13

Las larvas de abejorro se envuelven en capullos. Dentro de la celda de cera, tejen un capullo de seda. El abejorro ya es una pupa y comienza a pasar por un proceso de cambios llamado metamorfosis. Cuando llega a la adultez, el abejorro sale del capullo convertido en obrera, zángano o reina. Todo el proceso, desde que nacen del huevo hasta que se convierten en adultos, les lleva unas cuatro o cinco semanas.

Páginas 14–15

Los abejorros tienen aguijones. Solo las hembras tienen aguijones, tanto las obreras como la reina. A diferencia de otros tipos de abejas, como las melíferas, los abejorros no desprenden su aguijón al picar. Esto quiere decir que pueden picar más de una vez. Utilizan el aguijón para defenderse y proteger su panal de posibles amenazas, como otros insectos, animales o personas. Los depredadores del abejorro son las avispas, las aves y las arañas.

Páginas 16–17

Los abejorros tienen cuatro alas para poder volar. Tienen dos grandes adelante y dos más pequeñas atrás. Las alas están unidas a cada lado de su cuerpo con unos ganchitos llamados **hamuli**. El abejorro es uno de los insectos voladores más ineficientes porque sus alas son pequeñas y les cuesta mucho mantener un cuerpo tan grande en el aire. El aleteo rápido de los abejorros, junto con los enérgicos músculos de las alas y el tórax, generan un zumbido característico al volar.

Páginas 18–19

Los abejorros comen el polen y el néctar de las flores. Hacen bolitas de polen con un poquito de néctar, llamadas "pan de abeja". El polen les da las proteínas y nutrientes que necesitan para crecer y estar sanos, mientras que el néctar les da la energía que necesitan para volar y trabajar. Los abejorros pueden hacer miel con su comida, pero solo la suficiente para alimentar al resto de la colonia.

Páginas 20–21

Los abejorros son importantes para la naturaleza. Recolectando polen y néctar de las flores, las abejas ayudan a que las plantas se reproduzcan. Este proceso se llama polinización, y el abejorro es uno de los mejores polinizadores del mundo. Ayudando a que las flores se reproduzcan, tienen un rol importante en la cadena alimenticia. Sin embargo, en muchos de los lugares donde viven los abejorros, la cantidad de flores silvestres está disminuyendo. Esto les dificulta encontrar el alimento que necesitan para sobrevivir.

Published by Lightbox Learning Inc.
276 5th Avenue, Suite 704 #917
New York, NY 10001
Website: www.openlightbox.com

Copyright ©2026 Lightbox Learning Inc.
All rights reserved. No part of this publication may be reproduced, stored in a retrieval system, or transmitted in any
form or by any means, electronic, mechanical, photocopying, recording, or otherwise, without the prior written permission
of the publisher.

Library of Congress Control Number: 2024948006

ISBN 979-8-8745-1338-2 (hardcover)
ISBN 979-8-8745-1340-5 (static multi-user eBook)
ISBN 979-8-8745-1342-9 (interactive multi-user eBook)

Printed in Guangzhou, China
1 2 3 4 5 6 7 8 9 0 29 28 27 26 25

102024
101724

Art Director: Terry Paulhus
English Project Coordinator: John Willis
Spanish Project Coordinator: Sara Cucini
English/Spanish Translation: Translation Services USA

Photo Credits
Every reasonable effort has been made to trace ownership and to obtain permission to reprint copyright material.
The publisher would be pleased to have any errors or omissions brought to its attention so that they may be corrected in
subsequent printings. The publisher acknowledges Alamy and Minden Pictures as its primary image suppliers for this title.